Lya Luft | *O lado fatal*

Lya Luft | *O lado fatal*

EDITORA RECORD
RIO DE JANEIRO • SÃO PAULO
2011

CIP-Brasil. Catalogação na fonte
Sindicato Nacional dos Editores de Livros, RJ.

        Luft, Lya, 1938-
L9751   O lado fatal/Lya Luft. — Rio de Janeiro:
        Record, 2011.

        ISBN 978-85-01-09531-2

        1. Poesia brasileira. I. Título.

11-3842   CDD – 869.91
                        CDU – 821.134.3(81)-1

Copyright @ 1988 by Lya Luft

Projeto gráfico original: Evelyn Grumach e Carolina Ferman

Texto revisado segundo o novo
Acordo Ortográfico da Língua Portuguesa

Direitos exclusivos desta edição reservados pela
EDITORA RECORD LTDA.
Rua Argentina 171 • 20921-380 • Rio de Janeiro, RJ • Tel.: 2585-2000

Impresso no Brasil

ISBN 978-85-01-09531-2

Seja um leitor preferencial Record.
Cadastre-se e receba informações sobre nossos lançamentos
e nossas promoções.

Atendimento e venda direta ao leitor:
mdireto@record.com.br ou (21) 2585-2002.

"A maior homenagem que se pode fazer a alguém que morreu
é voltar a viver da melhor forma possível.
Porque tudo é transformação.
E a vida sempre chama.
Eu acredito nisso."

Lya Luft, 2011

O lado fatal não foi elaborado como uma obra literária: foi um desabafo num momento sombrio, em 1988. Foi publicado, fez sucesso, mas depois de vários anos, iniciando uma nova vida, pedi à Record que ele fosse sustado.

Porém o tempo e a felicidade pessoal reconstruída me fizeram entender que ele é simplesmente parte da minha literatura. Então não pertence a mim: pertence ao meu leitor.

Lya Luft, 2011

Sumário

Sobrevida

1 | Quando ele morreu 13
2 | Deus 15
3 | Nesta minha peculiar viuvez 17
4 | Ele tinha coisas de menino 19
5 | Passeávamos pelo parque 21
6 | Ele tinha indignações enormes 23
7 | Absurdo eu estar aqui, e viva 25
8 | Ele tinha tantas manias 27
9 | Outro dia sentei-me na beira da cama 29
10 | Ele tinha a fadiga de muitos séculos 31
11 | Tudo pareceu tão rotineiro 33
12 | Aquele que eu amei era um visionário 35
13 | Tudo parecia apenas o começo 37
14 | Ele gostava de falar 39
15 | Não digam que isso passa 41
16 | Ele era um homem impaciente 43

17 | Tanto escrevi sobre a morte 45
18 | Morreu quem eu amava 47
19 | Sento-me na cadeira que foi dele 49
20 | Aquele que eu amei, agora morto 51
21 | Porque ele morreu 53
22 | Não tivemos filhos juntos 55
23 | Todos dizem que preciso reagir 57
24 | Ele morreu belo como um guerreiro 59
25 | Hoje 61
26 | Os deuses, sim, nos ajudaram 63
27 | Aquele que eu amei era velho e moço 65
28 | Se me tivessem amputado braços e pernas 67
29 | Ele era também um homem paciente 69
30 | Quando morre alguém 71
31 | Fazemos muita retórica sobre Deus 73
32 | Ele tinha gestos inesperados 75
33 | A morte, velha amiga 77
34 | Que estranha a vida 79
35 | Quem eu amei, das muitas coisas que sabia 81
36 | Estranho aquele amor de antes 83
37 | Ainda não acreditei em sua morte 85
38 | Aquele que eu amei tinha muitos amigos 87
39 | Não falem alto comigo 89
40 | Tu, que tanto ensinaste 91

Sobrevida

Quado foi bom o amor,
os mortos pedem
memórias doces
que não os perturbem,
e que a gente viva
sem muito desgosto:
mais nada.

(Pedem silêncio
e que os deixemos
em paz.)

Os mortos
precisam de mais espaço
do que em vida:
nesse seu novo posto
não devem olhar
para trás.

(Os mortos querem licença
para morrer mais.)

(*Para não dizer adeus*, Record, 2005)

1

Quando ele morreu,
não pude acreditar:
andei pelo quarto sozinha repetindo baixo:
"Não acredito, não acredito."
Beijei sua mão ainda morna,
tirei sua pesada aliança de prata com meu nome
e botei no dedo.
Ficou larga demais, mas mesmo assim eu uso.

Muita gente veio e se foi.
Olharam, me abraçaram, choraram,
todos com ar de uma incrédula orfandade.

Aquele de quem hoje falam e escrevem
(ou aos poucos vão-se esquecendo)
é muito menos do que este, deitado em meu coração,
como um menino que apenas dorme.

2

Deus
(ou foi a Morte?)
golpeou com sua pesada foice
o coração daquele que eu amava.
Bem ali onde ele dizia:
"Este é o meu lado fatal."

Não se vê a ferida, mas rasgou o meu também.
Ele abriu os olhos, com ar deslumbrado,
disse bem alto meu nome no quarto de hospital,
e partiu.

Quando se foram também os médicos
    e suas máquinas inúteis,
ficamos sós: a Morte (ou foi Deus?),
o meu amado morto e eu.
Enterrei o rosto na curva do seu ombro
como sempre fazia,
disse as palavras de amor que costumávamos trocar.
O silêncio dele era absoluto: seu coração emudecido
e o meu, varados por essa dourada foice.
Por onde vou meu sangue deixa um rastro:
vai algum dia estancar?

3

Nesta minha peculiar viuvez
sem atestados nem documentos,
apenas com duas alianças de pesada prata
e no peito um coração de chumbo,
instalo ao meu redor objetos que foram dele:
a escova de dentes junto da minha na pia,
o creme de barbear entre os meus perfumes,
e com minhas roupas nos cabides
a camisa dele de que eu mais gostava.
Na gaveta, vidros com os remédios
que o preservaram para o nosso breve tempo.

(Finjo a minha vida, como ele finge a sua morte.)

4

Ele tinha coisas de menino:
dormia abraçado a mim feito criança,
gostava de doce e de ganhar camisas novas de presente.
Usava a água-de-colônia que lhe dei, e ria:
"Pareço uma Paulina Bonaparte."
Olhava-me tão agradecido ao menor cuidado
como limpar seus óculos ou trazer-lhe água,
que era como se nunca tivesse tido infância.
{Gostava de rir, embora chorasse algumas vezes
 a meu lado.}
Abria as portas grandes da varanda da sala,
e de tudo se admirava:
"Espantoso! Qual o sentido disso?"
Quando eu não estava em casa, ficava aflito:
telefonava para conferir se eu voltara ao nosso
 cotidiano:
"Sabendo que você está aí,
 meu mundo fica em ordem."
Às vezes parecia alegre:
mas seus olhos eram tristes
de entenderem a miséria deste mundo.

5

Passeávamos pelo parque
seguidamente, sob as altas palmeiras,
vendo flores e esquilos,
discutindo o cotidiano e o seu mistério.
Da última vez, paramos abraçados
diante das vitórias-régias em flor.
Trocamos confidências de nossos corações
atormentados,
dissemos ternuras.

De repente pus-me a chorar no ombro dele,
as pessoas em torno olhando consternadas.
Chorava sem saber por quê.

Hoje, compreendo:
na sombra, a Morte erguia o seu braço,
mas nós não sabíamos ainda.

6

Ele tinha indignações enormes:
andava de um lado para outro em minha frente:
não se conformava com os conformados,
os corruptos,
os medíocres e os vendidos deste mundo.
Não se conformava com a miséria, a dominação,
    o desvalimento.
Não se conformava também quando não o entendiam.
Passava as mãos pelo cabelo grisalho
e ardia como um jovem de dezoito anos na sua ira.
(Eu escutava, com medo de que saltasse da varanda
levado pelo vendaval de seu furor de justo.)

Depois, ele fechava as portas de vidro
    sobre a noite quente,
me pegava pela mão, e dizia:
"Vamos dormir."

Então tudo era paz e ternura.

7

Absurdo eu estar aqui, e viva
depois que ele morreu.
Seu rosto me observa
vincado e triste no retrato sobre minha mesa;
em outros, sorri para mim, apaixonado e feliz.
Sobreviver parece absurdo,
mas cá estou, na aparência inteira.

Vou à janela esperando que ele apareça
e me acene com aquele seu gesto largo e generoso,
que ao acordar esteja a meu lado
e que ao telefone seja sempre a sua voz.

Sei e não sei que tudo isso é impossível,
que a morte é um abismo sem pontes,
e que a cada dia
preciso construir a sua ausência.

8

Ele tinha tantas manias:
perdia canetas, lápis, chaves.
Houve um livro que comprou três vezes em um mês:
depois encontramos todos e mais um sob velhos
    jornais.
Mandei fazer uma estante nova para organizar seus
    livros:
mas quando ele se foi, mais que livros havia ali de novo
    jornais.
Nunca sabia bem por que os guardara. Eram parte do
    seu ninho,
como nossos lençóis e os móveis da sala.
Não conseguia sentar-se mais que meia hora para
    escrever:
vinha ao meu escritório, usava de pretextos para me
    distrair,
dava um beijo, fazia confidências, comentava assuntos
    do dia.
Quando me via triste, dizia entre compassivo
    e magoado:

"Você hoje está numa melancolia profunda?"
Certa vez discutimos, e ele deixou sobre minha
       máquina de escrever
um bilhete de amor.

(Nunca tivemos mais que vinte anos.)

9

Outro dia sentei-me na beira da cama
para aparar as unhas que sempre trago bem rentes.
(Minhas duas mãos pareciam tão solitárias.)
Dei-me conta de que nunca mais ele sentará a
 meu lado
 dizendo:
"Gosto de ver você fazendo essas coisas bem
 cotidianas."
Era a primeira vez que cuidava de minhas mãos
depois que ele se fora.
Então deitei-me no chão e chorei amargamente
por duas horas,
sabendo que mesmo que chorasse dois anos
 ou dois séculos
ele não voltaria mais.
Quando as lágrimas secaram, comecei a entender
que ele ainda está
na minha vida destroçada,
e sabe de mim tudo o que hoje não sei dele.

10

Ele tinha a fadiga de muitos séculos:
deitava-se no sofá, cabeça no meu colo:
"Com você encontrei a paz."
Mas estava cansado. Tinha saudade de mais paz
do que lhe poderia dar todo o meu amor.

Dizia:
"Hoje estou triste como o diabo, e sem motivo."
O motivo era ser esta vida um exílio
e sua alma uma chama
que só se aplacaria em Deus.

(Talvez para isso foi preciso que partisse.)

11

Tudo pareceu tão rotineiro:
lembrei até de levar nossas escovas de dentes
e o livro que estávamos lendo juntos.
Tudo cotidiano:
naquela manhã tínhamos comentado
na mesa do café as notícias do jornal.
Fomos para o lugar onde ele morreria
menos de dois dias depois,
e era uma manhã de sol tão claro,
eu no banco de trás, inclinada para diante,
acariciando seu rosto.
(Até a barba ele tinha feito.)
Tudo absolutamente cotidiano:
ele falando e rindo, disfarçando um mal-estar menor.
Procuro saber, mas não descubro
se no meu coração se agachava
o pressentimento de que tudo estaria acabado
em poucas horas.

(Essa é a grande traição de algumas mortes.)

12

Aquele que eu amei era um visionário:
levava-me à sua terra, onde, ébrios de tanta luz
e tanto céu, percorríamos a sua juventude:
eu integrada nessa vida inteira.
A cidade revisitada muitas vezes,
com todas as esquinas
dos antigos ardores: seu coração se abria
em confissões noite adentro.

Quem eu amei era da banda dos visionários:
capaz de morrer sem abdicar do sonho.

13

Tudo parecia apenas o começo:
a casa mal-e-mal nos alicerces.
(Provavelmente estava concluída
e eu não sabia.)
Tínhamos erguido em nossos poucos anos
as paredes necessárias;
o telhado se inclinava ao jeito certo,
e havia vidraças nas janelas.
(Éramos felizes ali dentro
mesmo com as tempestades de fora.)
Tudo se construiu num lapso tão curto:
até a porta de entrada, por onde ele saiu
casualmente como quem vai comprar jornal.

A porta está apenas encostada
mas parece alta e intransponível:
do lado de lá, ele decifra os enigmas
que tanto nos intrigavam nesta vida.

14

Ele gostava de falar:
era como se precisasse muito ser compreendido,
e sempre me dizia isso.
Nunca o vi em palanques e comícios
nem o conheci na juventude.
Mas para mim falava, recitava, argumentava
horas e horas sem se cansar:
"Falo com você coisas que nunca pensei dizer
a ninguém."

Eu me concentrava para ouvi-lo:
os terrores da infância, os tormentos
e entusiasmos da mocidade,
as maduras paixões, as decepções incuráveis,
as preocupações que cada dia mais lhe vincavam
o rosto.

(Às vezes, quando ele dormia, eu espreitava:
agarrando minha mão, ele parecia
um triste menino solitário.)

15

Não digam que isso passa
Não digam que a vida continua,
que o tempo ajuda,
que afinal tenho filhos e amigos
e um trabalho a fazer —
pois de tudo isso eu sei.

Não me consolem dizendo que ele morreu cedo
mas morreu bem
 ("quem não quereria uma morte como essa?")
Não digam que tenho livros a escrever
e viagens a realizar.
Não digam nada.
Pois eu vejo que o sol continua nascendo
aqui onde vim lamber minha ferida aberta.

(Mas não me consolem:
da minha dor, sei eu.)

16

Ele era um homem impaciente:
brigava no trânsito, detestava filas,
batia portas com força quando perdia suas coisas.
Certa vez rachou um telefone que não dava linha;
reclamava de ir ao dentista.
Mas quando um dia chorei porque falou alto comigo,
mandou-me rosas que espalhei pela casa toda.

(Ainda hoje elas florescem
para onde quer que eu me volte.)

17

Tanto escrevi sobre a morte
em livros e poemas nesses anos:
sempre achei que a entendia um pouco.

Mas agora que ela me dilacerou a vida,
me rasgou o peito,
me levou quem eu amava,
sinto que mal começo a compreender
sua mensagem:
tirando-o de mim, a morte o devolve
para que seja mais meu.

18

Morreu quem eu amava:
viver sem ele, como dói.
Um dia ele mandou fazer um par de alianças
de pesada prata, parecendo antigas;
gravou apenas nossos nomes, sem data, e disse:
"Somos um só desde sempre."

Ainda não acreditei em sua morte,
e talvez isso ainda me salve.
Levantar-me da cama cada dia é um ato heroico,
atender o telefone, tomar café.
Mas faço tudo isso:
falo, ando, recebo visitas.
Compro móveis para a casa onde moro sem ele,
imaginando: será que ele vai gostar?

De algum secreto lugar me vem a força
para até sorrir se alguém me diz:
"Você hoje está com a cara ótima".
Eu de castigo,
eu no escuro,
eu no nada.

19

Sento-me na cadeira que foi dele,
onde anos a fio escreveu cartas, poemas,
artigos de jornal, bilhetes que me deixava pela casa
(e a toda hora me chamava para eu ver o que fazia).
Nela escrevo também esses poemas de amor e morte
que falam dele agora.

Na frente do rosto afivelei esta máscara
para que os outros me suportem:
atrás dela, o redemoinho
do sangue da solidão borbulha.
E a minha dor ferve em mim.

20

Aquele que eu amei, agora morto,
postado do lado de lá da fronteira que nos seduzia,
mudo e quieto
parece não ter memória de mim.
Mas eu sei que ele existe,
intensamente, ardentemente existe,
feito e desfeito no fogo de um amor
maior que o nosso,
e que o consumiu.

Aquele que eu amei,
morto agora e para sempre vivo,
há de ter ainda o intenso olhar
que me entendia,
as curvas da boca que chamou meu nome,
as belas mãos que ardiam nas minhas.
Que ele me ajude,
silencioso que está,
a suportar a sobrevida
e aceitar esse vazio
que me devora.

21

Porque ele morreu
abriu-se em meu peito esse buraco:
através dele arrancaram-me o coração
e colocaram um estranho maquinismo
cheio de lâminas e pontas
que me recorta e preserva
— pois se de um lado a morte me abraça,
do outro a vida me chama.

22

Não tivemos filhos juntos,
e ele reclamava:
"Nosso amor merecia um filho ao menos."

Nosso filho é a minha dor de hoje,
é a fulguração que nos deixava tontos,
é o novelo da memória que teço e reteço
nas minhas insônias.

Nosso filho é o meu tempo de agora
para falar de quem perdi:
da sua força e sua fragilidade,
da sua indignação e seus prantos,
de sua necessidade de ser amado e aceito
como finalmente deve estar sendo, por inteiro,
na realização de todos os seus vastos desejos.

23

Todos dizem que preciso reagir,
e reajo.
Provavelmente
vou resistir.
Só pela teimosia dos que não admitem
que a morte venceu, reajo:
penteio os cabelos, passo pó no rosto,
pois me dizem que a vida continua.

Eu, tudo o que queria era trocar
o tempo que me resta e pesa tanto,
por um instante em que pudéssemos reviver
(embora não seja preciso, porque os dois sabemos)
a alegria do nosso mútuo
entendimento.

24

Ele morreu belo como um guerreiro,
mas eu não estava preparada.
Morreu iluminado, sem dor,
 pronunciando meu nome,
mas eu não estava preparada.
Ele morreu a sua morte toda,
a que vinha morrendo desde o nascimento
como todos nós.
Morreu nos anos de carinho e relativa paz,
morreu pleno de força, e deixou-me
o legado de sua compaixão.
Morreu como todos quereriam morrer.
Correu para a sua morte impaciente,
como para um encontro de amor.
Mas eu não estou preparada.

25

Hoje,
três meses e dois dias depois de sua morte,
levantei-me da mesa onde escrevia,
e mudei de lugar os móveis.
Não era para ter melhor luz ou mais sossego:
era apenas para ver o pôr do sol.

(Foi o primeiro sinal de que ainda estou viva.)

*Que os deuses me ajudem — essa vez ao menos! —
a construir a minha utopia. (H. P.)*

26

Os deuses, sim, nos ajudaram:
construímos, ainda que esfolando o coração
e as mãos,
a sua e a minha utopia.
A mesma morte que amputou sua vida
e minha alegria de existir,
deve estar lhe revelando os segredos
que tanto nos fascinavam.
Foi breve o tempo, mas foi plenitude.
Por isso, também a mim,
"Deus não me deve nada."

27

Aquele que amei era velho e moço
ríspido e cândido
apaixonado e solitário
e compreendeu a minha alma inquieta
talvez como ninguém.

Achava graça em mim algumas vezes.
Mas quando eu lhe dizia sentir medo sem razão
no meio da noite
(talvez antecipando a separação que sobrevinha)
ele me abraçava calado e sombrio, dizendo:
"É para se ter medo mesmo".

Não pronunciávamos então a palavra temida
que talvez nos espreitasse nos cantos do quarto.

(Só nessas ocasiões ele não me explicava nada.)

28

Se tivessem amputado braços e pernas,
ou furado o coração com finas facas
ou cegado meus olhos com ganchos
ou esfolado a minha pele como a de um pobre bicho
— nada doeria mais
que sabê-lo morto, depositado
nesse poço de silêncio de onde não responde.

(A não ser em sonho, quando ele me olha
e suas mãos tocam as minhas:
espalmadas, hirtas, e tão frias.)

29

Ele era também um homem paciente:
quando estávamos juntos, chorei muito
com saudade dos filhos, da casa, da cidade
onde vivera quase toda a vida.
Ele me ouvia, consolava.
Hoje,
perambulo entre uma cidade e outra
em busca do que não terei.
Minha vida foi virada do avesso:
tenho de procurar outra vez
algum sentido.

Cada palavra dele, cada gesto,
cada uma de suas brincadeiras
ou de nossos comuns deslumbramentos
terá de ser uma peça desse enigma
que começo a tentar resolver.

30

Quando morre alguém
que a gente ama,
é preciso viver essa perda até o fim.
É preciso esgotar essa dor
para que um dia talvez
ela se abrande.
Esse a quem perdi morreu
antes que se intalasse entre nós
cansaço e banalidade.
Talvez tenha morrido na medida certa
para nada se desgastar.

Dele me vem todo este sofrimento,
mas também a claridade
que me permite ver
seu vulto em cada esquina,
e ouvir em todos os silêncios
a sua voz ainda a chamar
meu nome.

31

Fazemos muita retórica sobre Deus,
a morte e as eternidades.
Hoje me escondo sob as aparências:
a roupa está correta, o cabelo sem desalinho,
nunca fui de grandes luxos.
Todo mundo acha que estou indo muito bem,
tendo em vista a brutalidade de tudo.

Mas eu sou antes como um desses bichos
a que arrancaram as entranhas e meteram
estopa de ilusão corpo adentro
para que pareçam vivos e até alertas.

(Mas sem acreditar em retórica nenhuma.)

32

Ele tinha gestos inesperados:
na mesa do jantar, comendo quieto,
de repente dizia:
"Tenho uma pena enorme de você."
Ou então:
"Você é a pessoa mais doida que conheço."
E pegava minha mão por cima da toalha
com aquela doçura tão dele.
Sem saber que logo morreria,
há de ter-me preparado para esta solidão.
Por isso preciso aprendê-la,
e dentro dela
reinventar a vida.

33

A morte, velha amiga,
me sorri com seus olhos de espanto:
agora está junto dela
aquele que me foi tanto nesta vida.

Tem mãos macias a velha senhora,
e cheias de promessas:
porque um dia me recolherá também
para debaixo do seu manto

e haverá esplendor.

34

Que estranha a vida:
fico tangendo meus dias
como um rebanho de ovelhas desordenadas
que não encontram seu lugar.
"Morrer é tomar um porre de não desejo"
dizia quem eu perdi.
Ele era um homem desejoso:
desejava a vida,
desejava a morte,
desejava a justiça,
desejava a eternidade e a paz.

Terá tudo isso agora,
lá onde eu não posso
estar?

35

Quem eu amei, das muitas coisas que sabia,
ensinou-me algumas:
conheço um pouco mais a mim e aos outros,
aprendi a amar melhor a todos,
e entendi que a morte
pode ser também um sonho.

Mas não se iludam:
esta que agora escreve,
fala, dirige seu carro
e tantas vezes quer morrer,
não é a de antes:
paixão e morte me derrubaram
e caminham sobre mim
com suas grandes patas
e ninguém percebe.

36

Estranho aquele amor de antes:
a hora marcada para a mutilação,
a morte com seu minuto acertado,
o fim consultando o relógio
para nos golpear.

Estranho este amor de agora:
tudo atrás de um vidro baço
onde às vezes penso divisar seu vulto
— como num aquário.

(Enrolado em todo esse silêncio,
ele já não me olha como olhava,
não fala como falava,
talvez já não me ame como
amava.)

37

Ainda não acreditei em sua morte:
visito sua sepultura ao sol do lugar
onde fomos felizes e infelizes
e nos amamos tanto.
Mas não acredito.
Ponho a mão na pedra que esconde
alguma coisa que dele restou;
mesmo assim não acredito.
Deixo flores na laje ainda tosca,
saio a andar entre sepulturas anônimas e conhecidas,
e imagino que ele deve ter morrido de verdade
ou não me deixaria andar ali tão só.

(Quando eu finalmente acreditar que ele morreu,
o que fará meu coração descompassado?)

38

Aquele que eu amei tinha muitos amigos:
alguns, especiais, gostava de trazer em casa.
Pedia-me um jantar diferente
para um, dois, ou mesmo dez.
Era a homenagem que fazia aos que amava.
A vida tinha outro sabor ao lado dele,
as palavras adquiriam em sua boca
um significado singular:
dizia termos que ninguém usava
e nele esplendiam.

Eu me calava para ouvir
e ver a alegria da amizade aquecer seu coração.

(Sua mão procurava a minha
para dizer que em nenhum momento
me esquecia.)

39

Não falem alto comigo:
andem sempre na ponta dos pés.
Principalmente, não me toquem.
Finjam que não veem se tenho um jeito absorto,
se nem sempre entendo as perguntas
com a rapidez de antigamente,
se pareço fatigada
e sem graça como nunca fui.

Façam silêncio ao meu redor.
Não me interessa nada o cotidiano nem o místico.
Não quero discutir os preços do mercado
nem os mistérios da vida e da morte.

(Levo quem morreu no peito
como quem carrega nos braços
uma criança morta
— e a gente não sabe onde depositar.)

40

Tu, que tanto ensinaste
de mim a mim mesma, e do mundo
a quem o conhecia pouco:

quando se desfizer a noite desta perda,
quero enxergar pelos teus olhos,
e amar através do teu amor
as coisas que me restaram.

Tu, vivo em mim para sempre,
apesar da ruga a mais
e o olhar mais triste,
devo-te isto:
voltar para a minha vida
como agora estás, inteiramente,
na tua morte.

Este livro foi composto na
tipologia Electra, em corpo 11.5/15.5,
e impresso em papel Off-White 90g/m²,
no Sistema Cameron da Divisão Gráfica
da Distribuidora Record.